Die Tür zur Motivation

Die Autoren sind in Stockholm und Zürich als persönliche Berater tätig und haben sich auf eine neue Sicht der Führung auf der Basis von Sinnfindung und Selbstmotivation spezialisiert.

Martin Ehdin studierte Betriebswirtschaft an der Stockholmer Universität und erwarb einen Post-Graduate-Abschluß an der School of Communications (IHR Stockholm). Er war Rektor der Management- und Marketing-Schule IHM in Stockholm und zehn Jahre lang geschäftsführender Inhaber des Executive-Search-Unternehmens Ehdin & Partner. Seit 1991 studiert er Analytische Psychologie am C. G. Jung-Institut Zürich.

Stefan Boëthius ist Teilhaber der Time/system Schweiz. Er machte seinen betriebswirtschaftlichen Abschluß an der Hochschule St. Gallen und sein Doktorat an der La Jolla University in San Diego. Seit 1991 ist er diplomierter Analytischer Psychologe des C. G. Jung-Instituts Zürich.

Stefan Boëthius / Martin Ehdin

Die Tür
zur Motivation

Der Mythos von Zuckerbrot
und Peitsche

 Time/system®
Verlag

Die schwedische Originalausgabe erschien
unter dem Titel
Myten om moroten
bei Svenska Dagbladets Förlags AB

Aus dem Schwedischen übersetzt
von Anna Kammenhuber

Die Deutsche Bibliothek – CIP-Einheitsaufnahme

Boëthius, Stefan:

Die Tür zur Motivation : der Mythos von Zuckerbrot
und Peitsche / Stefan Boëthius ; Martin Ehdin. –
Zürich : Oesch, 1994
Einheitssacht.: Myten om moroten ⟨dt.⟩
ISBN 3-85833-452-9
NE: Ehdin, Martin:

© der schwedischen Originalausgabe 1993
by Stefan Boëthius und Martin Ehdin
© der deutschen Ausgabe 1994 by
Oesch Verlag AG, Zürich

Einbandgestaltung: Heinz von Arx, Zürich
Satz: Typomedia Satztechnik GmbH, Ostfildern
Druck und Bindung: Offizin Andersen Nexö, Leipzig
Printed in Germany

ISBN 3-85833-452-9

3 5 6 4 2

Unseren Söhnen
Daniel, Sebastian, Alexander und Christian
gewidmet

Inhalt

Vorwort

WIR LERNTEN UNS vor einigen Jahren kennen und begannen uns über unser bisheriges Leben und unsere Erfahrungen als Unternehmensleiter zu unterhalten. Beide waren wir in vielem erfolgreich gewesen, hatten aber auch am eigenen Leib erlebt, daß die Redensart, wonach es oben an der Spitze einsam sei, weit mehr als eine abgedroschene Phrase darstellt. So fragten wir uns, ob man denn, um Erfolg zu haben, wirklich gezwungen sei, einen so hohen Preis zu zahlen, wie dies die meisten Führungspersonen tun: Streß, wenig Freizeit, Einseitigkeit, Einschränkungen im Familienleben und sozialen Umgang, vor allem aber auch wenig Zeit für sich selbst. Es zeigte sich, daß wir nicht nur die gleichen Ansichten und Vorstellungen von der Führung hatten, sondern auch eine gemeinsame Grundphilosophie und eine Vision unseres künftigen Vorgehens besaßen. Was uns vor allem beschäftigte, war die Frage, was man tun könnte, um die Führung erfreulicher, sinnvoller und effizienter zu gestalten.

Beide kamen wir zum Schluß, daß uns immer ein kompetenter und erfahrener Gesprächspartner gefehlt hatte, mit dem wir uns bezüglich Führungsfragen gegenseitig die Bälle hätten zuwerfen können. Dies nicht nur, was geschäftliche Fragen anbelangt, sondern auch betreffend Beziehungs- und persönlichen Fragen, die mit der Führung unvermeidlich verbunden sind. Wir entwickelten unsere Vorstellungen von der Führung und persönlichen Beratung weiter und stellten sie dann Kollegen und Bekannten vor. Wie sich zeigte, leuchtete ihnen allen die Bedeutung einer sinnvolleren

Führung und eines kompetenten Gesprächs-
partners ein. Die meisten waren sogar der Ansicht, dies sei eigentlich eine Voraussetzung, um
die komplexen Aufgaben, die mit der Führung
verbunden sind, geschickt anpacken und lösen
zu können.

Die Idee vom persönlichen Berater mag zwar
neu erscheinen. Als wir jedoch zu untersuchen
begannen, was große Führungspersönlichkeiten
erfolgreich machte, trat als einer der wichtigsten
Faktoren hervor, daß sie alle einen oder meh-
rere persönliche Berater zur Verfügung hatten,
denen sie sich offen anvertrauen konnten und
mit denen sie alle ihre Fragen und Probleme
besprechen konnten. Diese Berater verfügten
neben ihrer vielfältigen fachlichen Kompetenz
auch über eine große Lebenserfahrung. Sie
agierten zumeist im Hintergrund, und da sie
nicht direkt in das Geschehen involviert waren,
konnten sie die Dinge objektiver sehen und
ihnen auch neue, tiefere Dimensionen verleihen.

Die Berater waren sowohl mit den Sachfragen als auch mit den persönlichen Verhältnissen der Führungsperson eng vertraut. Ihre wohl wichtigste Aufgabe bestand jedoch darin, die Führungsperson mittels ständiger Reflexion darin zu unterstützen, die Führungsaufgaben weiterzuentwickeln und dem eigenen Tun einen Sinn abzugewinnen.

Die Vorstellung, daß die Führungsperson sowohl von ihrer Führungsaufgabe als auch von ihrem Leben mehr hat, wenn sie ihre Gedanken mit einer kompetenten Person austauschen kann, haben wir seit einiger Zeit bei unserer Tätigkeit als persönliche Berater verwirklicht.

Im Rahmen unserer Tätigkeit wollen wir unsere Gedanken zu einer sinnvollen Führung auch weitervermitteln, indem wir Bücher, Artikel und Schriften verfassen. Da unsere Vorstellungen davon, wie man die Führung erfreulicher, sinnvoller und effizienter gestalten kann, in mancher Hinsicht neu sind, wollen wir sie

auch in einer neuen Form darlegen. In diesem
Buch, das von unseren Vorstellungen von Sinn
und Motivation handelt, haben wir die Form
der Erzählung gewählt. Dies nicht nur, um unsere Botschaft in eine unterhaltende Geschichte
zu verpacken, sondern auch, um der Verlok-
kung zu widerstehen, eine allgemeine Weglei-
tung zu verfassen mit Patentrezepten, Maßnah-
menkatalogen und Modellen, die den Anspruch
erheben, auf alle bisher ungelösten Fragen Antworten zu liefern. Überhaupt haben wir uns
immer wieder gewundert, wie man das ausgesprochen komplexe Thema der Führung und Ge-
schäftsphilosophie lediglich anhand von Tech-
niken, Checklisten und Modellen abzuhandeln
versucht – was heute oft der Fall ist. Bedeutend
wichtiger erscheint uns nämlich, daß einer persönlichen Deutung Raum gegeben wird, welche
zur individuellen Art der Führung paßt. Ziel ist
es, daß Sie nach Ihren eigenen Antworten auf
die im Buch aufgeworfenen Fragen suchen.

Wir hoffen, daß dieses Buch Sie anregen und Ihnen ermöglichen wird, in dem, was Sie tun, einen tieferen Sinn zu erkennen, damit Sie sowohl beruflich als auch privat mehr vom Leben haben.

All jenen, die uns bei der Herausgabe dieses Buches behilflich gewesen sind, wollen wir unseren herzlichen Dank aussprechen. Insbesondere danken wir Björn Öberg und Mats Wiman für die angenehme Zusammenarbeit, für ihre Inspiration und für ihr Engagement, sowie auch Tina und Kenth Bergman, Sasa Boëthius und Christina Zaar, die mit viel Feingefühl wertvolle Aspekte beigesteuert haben.

Zürich, 15. August 1993

Beginn der Geschichte

Unser Freund

WIR TRAFEN EINMAL einen Unternehmensleiter, der uns seine Sicht der Führung beschrieb – nennen wir ihn hier unseren
Freund. Was er sagte, unterschied sich ganz wesentlich von allem, was wir je über Führungsmethoden gehört und gesehen hatten. Damals
glaubten wir, viel darüber zu wissen, wie man
ein Unternehmen führt. Trotzdem waren wir
von dem, was unser Freund zu erzählen hatte,
tief beeindruckt. Nicht nur waren seine Vorstellungen einzigartig und im Grunde einfach und
menschlich; es war ihm auch gelungen, sie in die
Tat umzusetzen. Er hatte eine völlig neue Auffassung von Führung, und deshalb wollen wir
Ihnen hier seine Geschichte erzählen.

Es war einmal...

ES WAR EINMAL ein Unternehmen, das suchte einen neuen geschäftsführenden Direktor. Es war recht groß, hätte aber auch jedes beliebige andere Unternehmen sein können. Man hatte allerlei unternommen, und doch war es nicht gelungen, die sehnlich erwünschten Ergebnisse zu erzielen. In dem Unternehmen wollte man sich nämlich nicht damit begnügen, ziemlich gut zu sein, sondern war sicher, daß man das Zeug dazu hatte, wirklich große Erfolge zu erzielen. Der Aufsichtsrat wußte, daß man eine Spitzenstellung einnehmen könnte, wußte aber nicht, wie die Sache in die Hand nehmen.

Während Jahren schon hatte der Aufsichtsrat

nach einer Person gesucht, welche die Sache richtig in die Hand nehmen würde. Der eine Direktor löste den anderen ab, und bei jedem neuen Direktor hoffte man, nun endlich den Richtigen gefunden zu haben, um die erwünschten Ziele zu erreichen. Manche von ihnen nahmen zwar Veränderungen vor, doch wurde alles in allem wenig Dauerhaftes erzielt.

Schon bald war man jeweils wieder am alten Punkt angelangt.

Der Aufsichtsrat hatte miterlebt, wie das Unternehmen die meisten herkömmlichen Lösungsansätze erprobte, und wollte deshalb nach neuen Wegen suchen, um bleibende Verbesserungen zustande zu bringen. Es lag ihm außerordentlich viel daran, jemanden zu finden, der die so dringend benötigten Veränderungen bewirken konnte. Deshalb setzte sich der Aufsichtsrat auch mit allen Mitteln dafür ein, die richtige Person zu finden.

Das Unternehmen genoß auf dem Markt

einen guten Ruf und hatte dadurch viele Kandidaten zur Auswahl. Der Aufsichtsrat führte Gespräche mit zahlreichen Bewerbern und hörte sich ihre Ideen und Vorschläge zur Führung des Unternehmens an. Allerdings erkannte er bald schon, daß keiner von ihnen letztlich etwas Neues zu bieten hatte und daß keiner die Voraussetzungen besaß, um die vom Unternehmen benötigten Veränderungen herbeizuführen.

Der Aufsichtsrat war beinahe schon geneigt zu glauben, daß es außer den bereits erprobten keine anderen Lösungen mehr gäbe. Da erzählte ein Aufsichtsratsmitglied, es sei neulich auf ein Unternehmen gestoßen, dessen Geschäftsführer erfolgreich gewesen sei und offenbar eine völlig andere Auffassung vom Unternehmertum habe. Da es nur besser werden konnte, beschloß man, mit ihm Kontakt aufzunehmen.

Der Aufsichtsrat lud unseren Freund, den Geschäftsführer, ein, und dieser berichtete von

seinen Führungsvorstellungen. Dabei unterschied er sich deutlich von den übrigen Kandidaten, mit denen man gesprochen hatte – nicht
nur in dem, was er sagte, sondern auch in seiner
ganzen Erscheinung und Ausstrahlung.

Im Gegensatz zu den anderen hielt er keine
vorgefaßten Meinungen oder Patentlösungen
bereit; was er aber sagte, erschien völlig neu
und anders. Die Aufsichtsratsmitglieder fragten
sich zum Teil sogar, ob so etwas für ihr Unternehmen überhaupt in Frage käme. Daß es in
seinem derzeitigen Unternehmen funktionierte,
daran zweifelte niemand. Ließ es sich aber auch
auf ihr Unternehmen übertragen?

Das Angebot

DIE AUFSICHTSRATSMITGLIEDER verstanden zwar, was er meinte, aber seine Vorstellungen erschienen ihnen nahezu utopisch, und sie konnten sich einfach nicht vorstellen, wie das alles in der Praxis aussehen würde. Da er aber von dem, was er glaubte erzielen zu können, so fest überzeugt war, brachte er sie immerhin dazu, ihm zuzuhören und ernsthaft über das Gesagte nachzudenken.

Der Aufsichtsrat überlegte lange und gründlich, ob er es wagen sollte, sich auf diese neue und einzigartige Form des Unternehmertums einzulassen. Man sah aber keine Alternative, die der Methode, wie unser Freund die Situation in den Griff bekommen wollte, standgehalten hätte. Zudem hatte man ja gerade etwas Neues gesucht, und viele der Anwesenden waren von dem, was gesagt worden war, stark beeindruckt. Schließlich einigte man sich darauf, unserem Freund die Geschäftsführerstelle anzubieten.

Er nahm das Angebot erfreut an, denn er war überzeugt, daß er etwas Wesentliches beizutragen hatte.

Einige Begegnungen
unterwegs

UNSER FREUND HATTE viele Jahre ge-
braucht, um dort anzulangen, wo er nun
stand.

Bereits früh war er dazu ermutigt worden,
eine solide Ausbildung an verschiedenen
Schulen zu erwerben. Danach bildete er sich
mittels verschiedener Kurse über Führung, persönliche Effizienz und Motivation weiter. Er
achtete genau darauf, die richtigen Stellen mit
guten Aufstiegsmöglichkeiten auszuwählen,
und legte großen Wert darauf, gute Vorgesetzte
zu erhalten, die ihm die Technik beibringen und
ihn in die Regeln des Geschäftslebens einweihen
konnten.

Unser Freund war beliebt und wurde als Vorgesetzter allseits geschätzt. Seine Karriere war vorbildlich, die Finanzen waren gut, und er war in den Augen vieler ein erfolgreicher Mann. Er besaß all die Kenntnisse und Lebenserfahrung, die man sich wünschen konnte.

Trotzdem war da etwas, eine Spur von Zweifel, ob er auch wirklich vom Leben hatte, was er sich wünschte. Er war zwar weit gekommen und hatte vieles erreicht, aber er hatte irgendwie das Gefühl, daß ihm im Leben etwas Entscheidendes fehlte.

Da beschloß er, sich weiterzuentwickeln, indem er erfolgreiche Menschen aufsuchte, um zu erfahren, ob sie ihm etwas mit auf den Weg geben könnten.

Bald schon erkannte er, daß die meisten, mit denen er sprach, gar nicht verstanden, worauf er aus war. Sie hatten ihm nichts zu sagen. Andere wiederum saßen im gleichen Boot wie er und waren auch nicht weitergekommen. Seine Gedanken waren ihnen zwar vertraut, aber sie hatten auch keine Lösung gefunden. Manche hatten es aufgegeben und fertigten ihn mit Worten ab wie etwa: »Auf Ihre Fragen gibt es keine Antworten. So ist es eben, wenn man Chef ist.«

Er begegnete aber auch solchen, die auf alles eine Antwort hatten, dafür aber den tieferen Sinn seiner Fragen nicht begriffen. Sie erteilten ihm viele gute Ratschläge und sagten ihm genau, was er zu tun und wie er sich zu verhalten habe. Für ihn waren es jedoch nur leere Worte.

Daneben stieß er allerdings auch auf Menschen, bei denen er das Gefühl hatte, sie besäßen, was er suchte. Sie hatten die unterschiedlichsten Berufe. Manche waren berühmt, andere einflußreich, wieder andere übten ganz gewöhnliche Tätigkeiten aus und führten nach außenhin ein völlig unauffälliges Leben.

Alle hatten sie eines gemeinsam: Sie waren erfolgreich auf ihrem jeweiligen Gebiet und führten ein erfülltes Leben. Was sie taten, taten sie mit Leib und Seele.

Diese Menschen machten auf ihn einen starken Eindruck. Sie strahlten Erfolg und Autorität aus, zugleich waren sie aber zurückhaltend und begegneten ihm voller Respekt. Sie hörten sich seine Gedanken gerne an, ohne das Gesagte zu werten oder zu verurteilen.

Auf freundliche und konstruktive Weise teilten sie ihm ihre eigenen Erfahrungen mit, versuchten ihm aber nie ihre Ansichten aufzuzwingen. Statt dessen brachten sie ihn dazu, seinem Inneren mehr Bedeutung beizumessen. Direkte Antworten konnten sie ihm keine geben; sie versuchten lediglich, ihm dabei zu helfen, seine Fragen selbst zu beantworten.

Zu Beginn verwirrte ihn ihr Verhalten. Sie besaßen ja offensichtlich die Eigenschaften, die er sich wünschte, und er hatte gehofft, sie würden ihm auch die Antworten auf seine Fragen liefern. Genau das taten sie jedoch nicht.

Der Starkoch

»Was erhoffen Sie sich von mir?« fragte ein
weltberühmter Starkoch. »Wollen Sie, daß *ich*
Ihnen sage, was *Sie* fühlen oder tun sollten? Ich
glaube nicht, daß ich Ihnen etwas beibringen
kann. Sie besitzen doch bereits all die Kenntnisse und Fähigkeiten, die Sie benötigen. Vermutlich befinden Sie sich in der gleichen Lage
wie ich einst. Ich hatte die besten Diplome und
Zeugnisse und wußte alle Rezepte auswendig.
Ob Sie es mir glauben oder nicht, ich habe auf
meinem Fach sogar doktoriert. Ein gutes Re-
zept zu befolgen bedeutet aber nicht unbedingt,
daß man auch ein guter Koch ist. Erst als ich es
wagte, meine eigenen Rezepte aufzustellen und
meine eigenen Ideen in meine Tätigkeit einzu-
bringen, da hatte ich meinen Durchbruch.
Wenn Sie nur andere kopieren, kommen Sie
nirgends hin. Sie müssen es wagen, Ihren eigenen Weg zu gehen. Sie müssen *Ihre eigene* Seele

hineinlegen in das, was Sie tun, nicht die eines
anderen.«

Der Konzernleiter

»Ich entsinne mich noch, wie ich auf der Auf-
stiegsleiter hochzuklettern begann«, erzählte
der Leiter eines großen Konzerns. »Damals
fühlte ich mich wie ein Zauberer, der seinen
Stab schwingt und seinen Mitarbeiterinnen und
Mitarbeitern eine magische Energie einflößt.
Sie taten alles, worum ich sie bat, sie sahen zu
mir auf und bewunderten mich. Ich befand
mich auf dem Weg zum großen Erfolg. Ich erhielt Macht, Prestige und hohes Ansehen.
Trotzdem erfüllte mich das nicht mit Freude.
Während meines Aufstiegs auf der Karrierelei-
ter war nämlich etwas Entscheidendes verloren-
gegangen: ich selbst. Ich fühlte mich wie eine
Marionette, die zappelte, weil jemand an den

Fäden zog. Und das, obwohl ich ja selbst der oberste Chef war. Ich zog meinerseits ebenfalls an Fäden und manövrierte andere dorthin, wo ich sie haben wollte. Sie trugen zu meinem Erfolg bei, während mir der ihrige ziemlich gleichgültig war. Eines Tages hatte ich diese Manipulationen so satt, daß ich beschloß, meinen Zauberstab entzweizubrechen. Ich schnitt alle Fäden durch, kletterte von meinem Podest herunter und begann Dinge zu tun, die mir am Herzen lagen und es mir und anderen ermöglichten, zu wachsen und uns weiterzuentwikkeln. Interessanterweise wurden dadurch sowohl das Unternehmen als auch ich selbst noch erfolgreicher – während zugleich die Führung effizienter und erfreulicher wurde.«

Die Sportlerin

Die dritte Person, mit der sich unser Freund unterhielt, war eine erfolgreiche Spitzensportlerin:

»Um der Elite überhaupt je angehören zu können, müssen Sie tun, was Ihnen am meisten Spaß macht. Hätte ich nur auf die Ratschläge anderer gehört und wäre der Vernunft gefolgt, dann wäre mir die Lust wohl vergangen, und ich wäre nie groß herausgekommen. Wie Sie wissen, ist der Spitzensport eine ausgesprochen harte und schwierige Angelegenheit. Um gut zu sein, wird ein enormer Einsatz gefordert, aber es reicht nicht, sich nur mit Hilfe von Talent, Ehrgeiz und guten Trainern durchzuschlagen. Die eigene Leidenschaft für den Sport ist der Schlüssel zum Erfolg. Wer die nicht hat, hat keine Chance, sich zu behaupten.

Vielen Sportlern kommt diese Leidenschaft während der Jagd nach Ruhm und Geld abhan-

den, was oft zu einem Gefühl der Sinnlosigkeit
führt. Sie lassen sich durch eine allzu einseitige
Motivation leiten. Lassen sie sich hingegen von
ihrer *inneren* Motivation leiten – die vielseitig
ist –, so verspüren sie eine bedeutend größere
Befriedigung. Das zeigt sich sehr deutlich:
wenn nicht früher, dann spätestens am Tag, an
dem sie den Schläger beiseite legen.«

Der Berater

»Besonders fiel mir auf«, so erzählte ein erfahrener Berater, »daß viele erfolgreiche Menschen
ihren Erfolg gar nicht genießen können. Eines
Tages wurde mir klar, daß dies auch auf mich
selbst zutraf. Um meine Ziele zu verfolgen,
hatte ich wichtige Dinge in meinem Leben zu-
rückgestellt oder ganz darauf verzichtet. Ich
lebte mit der Erwartung, daß ich von dem Tag
an, an dem ich mein Ziel endlich erreichen

würde, alles aufholen würde, was ich verpaßt hatte, die Früchte meiner Bemühungen ernten und vom Leben haben würde, was ich mir eigentlich gewünscht hatte.

Die Sache hatte aber einen Haken: Ich hatte nämlich unterwegs vergessen, wie man das Leben lebt.

Warum beginnen die Menschen nicht von der anderen Seite her: mit der Suche nach Sinn und Lebensfreude? Ich erachte dies als die wichtigsten Voraussetzungen für den Erfolg. Zudem brauchen sie bis zu dem Tag, an dem sie ihr Ziel erreichen, auf nichts zu verzichten, denn sie haben auch auf dem Weg dorthin etwas vom Leben gehabt. Das Ziel an und für sich besitzt ja keinen Wert; der Weg ist das Ziel.«

Der Bauer

Unser Freund traf sich auch mit einem ehemaligen Geschäftsmann, der einen Landwirtschaftsbetrieb erworben hatte:

»Wenn man etwas vom Leben haben will, ist es wichtig, daß man seine eigenen Wertvorstellungen unter die Lupe nimmt und hinterfragt. Das Beste, was ich je getan habe, war, mir Zeit zu nehmen, um gründlich darüber nachzudenken, was mir im Leben eigentlich am meisten bedeute. Da entdeckte ich nämlich, daß ich viele Wertvorstellungen besaß, zu denen ich im Grunde gar nicht stehen konnte. Unter anderem wurde mir bewußt, daß ich nicht tat, was ich tun wollte. Ich wandelte in den Spuren meines Vaters und war drauf und dran, nach seinen Vorstellungen anstelle meiner eigenen zu leben. Da beschloß ich, den Familienbetrieb zu verlassen und statt dessen Landwirt zu werden. So ist es mir gelungen, einen wesentlichen Teil dessen, was ich mir im Leben wünsche, zu verwirklichen.«

Der Philosoph

»Kennen Sie die Geschichte von den Göttern, die den Sinn des Lebens schufen?« fragte schließlich ein angesehener Philosoph. »Der Sinn sollte dem Leben Kraft verleihen. Die Götter waren der Ansicht, die Menschen sollten, im Gegensatz zu den Tieren, den Sinn nicht geschenkt bekommen, sondern selbst danach suchen müssen. So beschlossen sie, den Sinn zu verstecken. Sie taten dies, damit die Menschen den Wert dieser einzigartigen Kraft erkannten.

Die Götter überlegten lange, wo sie den Sinn verstecken sollten. Schließlich war das ideale Versteck gefunden: Es war der Ort, an dem es, wie sie wußten, für den Menschen am schwierigsten sein würde, ihn zu finden...«

Unser Freund brauchte eine Weile, bis ihm die Sache klar wurde. Erst als er die verschiedenen Erfahrungen miteinander in Verbindung brachte, ging ihm allmählich ein Licht auf, und plötzlich sah er, worauf der Philosoph hinauswollte:

»Das ist so einfach und zugleich genial: Die Götter versteckten den Sinn natürlich dort, wo wir ihn am wenigsten erwarten, nämlich in uns selbst! Natürlich sollte man seine Gedanken und Überlegungen mit anderen besprechen, die Antworten auf meine eigenen Fragen kann ich aber nur bei mir selbst und bei niemand anderem finden.«

Tja, natürlich ist die Idee an sich einfach und für manchen selbstverständlich, genau wie unser Freund dies feststellte. Die Idee umzusetzen ist hingegen nicht immer einfach. Unser Freund benötigte deshalb etwas Zeit, um sich der Tragweite seiner Erkenntnis bewußt zu werden.

Er hatte die Antwort auf seine Frage gefunden. Zudem leuchtete ihm ein, wie wichtig es war, daß auch seine Mitarbeiterinnen und Mitarbeiter nach den Antworten auf ihre eigenen Fragen suchten. Deshalb wollte er sich gleich am ersten Tag seiner neuen Tätigkeit mit ihnen treffen, um ihnen seine Erkenntnisse darzulegen und darüber zu sprechen, was sie für die Menschen und das Unternehmen bedeuten könnten. Lassen Sie uns nun hören, was er sagte.

Die Rede

Sinn und Motivation

GUTEN TAG, meine sehr verehrten Damen und Herren, und herzlich willkommen! Es ist mir eine große Freude wie auch eine große Herausforderung, mit der Führung Ihres Unternehmens betraut zu werden. Gerne will ich deshalb meine Arbeit hier beginnen, indem ich Ihnen etwas über meine Sicht der Führung erzähle.

Ich liebe es, Geschäfte zu tätigen und Dinge in Bewegung zu setzen, die gute Ergebnisse bringen. Gleichzeitig will ich daran Freude haben, will spüren, daß ich einen Beitrag zu etwas Wesentlichem leiste, und will tun, was meiner Überzeugung entspricht.

Mein Ziel ist es nun aber, nicht nur selbst

diese Einstellung zu haben, sondern auch Ihnen die besten Voraussetzungen zu bieten, damit Sie das gleiche tun können. Ich werde deshalb sogleich zur Sache kommen und Ihnen erzählen, wie ich mir unsere Zusammenarbeit vorstelle.

Ich werde Sie nicht motivieren.

Ich wiederhole: *Ich werde Sie nicht motivieren.*

Menschen, denen etwas daran liegt, sich weiterzuentwickeln, die gute Ergebnisse erzielen, denen ihre Arbeit Freude bereitet und die etwas tun, wovon sie überzeugt sind, brauchen von niemandem motiviert zu werden.

Viele Leute sind der Ansicht, die wichtigste Aufgabe der Vorgesetzten bestehe darin, ihre Mitarbeiterinnen und Mitarbeiter zu motivieren. Wie Sie aufgrund des soeben Gesagten verstehen, teile ich diese Ansicht nicht, und ich will Ihnen erklären, warum.

Es gab mal eine Zeit, da glaubte ich, man könne mich mit Geld, Karriereaussichten und Prestige motivieren. Bald aber erkannte ich, daß dies eigentlich gar keinen Einfluß auf meine Leistungen hatte. Was ich im Grunde wollte, war, gute Arbeit zu leisten. Das war kein Problem, solange ich meiner Überzeugung folgen konnte.

Fehlte jedoch meine innere Überzeugung, so konnten keine Motivationstricks auf dieser Welt mich dazu bringen, eine gute Arbeit zu leisten, auch wenn viele Leute glauben, das sei möglich.

Ich bin überzeugt, daß Sie alle gute Arbeit leisten und Ihr Bestes geben wollen. Dazu müssen Sie Ihre eigene Überzeugung finden, das heißt das, was Ihre Arbeit für Sie sinnvoll macht.

Meine Aufgabe ist es, die Voraussetzungen dafür zu schaffen, daß Sie dies tun können. Nur wenn Sie in Ihrer Tätigkeit einen Sinn sehen, sind Sie auch motiviert.

Wenn man von Motivation spricht, ist es wichtig, zwischen äußerer und innerer Motivation zu unterscheiden.

Die äußere Motivation läuft darauf hinaus, von hinten zu stoßen und zu drängeln, während man zugleich von vorne mit Belohnungen lockt. Sobald man jedoch Zuckerbrot und Peitsche niederlegt, kommt, wie wir wissen, alles zum Stillstand. Die äußere Motivation läßt die Erwartungen bezüglich noch größerer Belohnungen ständig anwachsen.

Dies führt zu einem Teufelskreis, indem die äußeren Belohnungen im gleichen Tempo wie die Erwartungen gesteigert werden müssen, bis diese nicht mehr zu erfüllen sind. Schließlich platzt die Seifenblase, und die Enttäuschung ist vorprogrammiert.

Die äußere Motivation kann niemals eine Eigendynamik auslösen. Das ist, wie wenn man laufend versucht, die Batterien eines anderen zu laden.

Die innere Motivation hingegen ist in Ihnen selbst und dem, was Sie für sinnvoll erachten, fest verankert. Sie haben Ihren eigenen Generator, der Sie mit Energie vorsorgt. Sich daran zu orientieren, was für Sie Sinn macht, ist, wie einem inneren Leitstern zu folgen. Er hilft Ihnen nicht nur, den richtigen Weg zu finden, sondern setzt auch ungeahnte Kräfte frei.

Die innere Motivation funktioniert wie ein Perpetuum mobile: Man bewegt sich völlig selbsttätig.

Als Voraussetzung für die innere Motivation sind zwei Dinge notwendig. Erstens muß das Unternehmen über ein funktionierendes Wertesystem verfügen, das klar und deutlich vermittelt wird. Dieses Wertesystem soll die Vision und Ziele des Unternehmens widerspiegeln.

Es gibt Aufschluß darüber, worauf im Unternehmen Wert gelegt wird, und enthält sowohl Zielsetzungen als auch Vorgehensweisen. Mit anderen Worten bestimmt das Wertesystem die Ausrichtung und Ethik des Unternehmens.

Ein gutes Wertesystem basiert auf den Werten, die für das Unternehmen richtig sind. Diese müssen gründlich durchdacht und ehrlich gemeint sein und dürfen sich nicht widersprechen.

Unter einem guten Wertesystem verstehe ich nicht jene typischen Bekenntnisse, welche in den Leitbildern der meisten Unternehmen zu finden sind. Sie sind oft reine Floskeln, die über die jeweiligen Verfasser hinaus kaum jemanden erreichen.

Die zweite Voraussetzung für die innere Motivation besteht darin, daß Sie sich selbst über Ihre eigenen Wertvorstellungen im klaren sind.

Dabei müssen Sie herausfinden, woran Ihnen am meisten liegt. Falls Ihre wichtigsten Wertvorstellungen sich mit jenen des Unternehmens decken, so haben Sie die Möglichkeit, Ihrer Arbeit einen Sinn abzugewinnen und Ihr ganzes Potential freizusetzen. Ein gutes Wertesystem liefert Sinn, der Sinn liefert Ihre Motive, und die Motive sind die Basis für Ihre innere Motivation. Die innere Motivation bewirkt eine größere Arbeitsfreude und bessere Ergebnisse.

Auf Ihre Wertvorstellungen kann ich keinen Einfluß nehmen, denn sie sind in Ihrem Innern tief verwurzelt. Wollte ich es auch nur versuchen, so käme das bereits einer Manipulation gleich, einer Gewaltanwendung gegen Ihre Person, und es könnte im übrigen auch gar keine echte Motivation daraus entstehen.

Deshalb kann, will und werde ich Sie nicht zu motivieren versuchen.

Meine Erwartungen

STATT DESSEN WERDE ICH Ihnen nun erzählen, welche Erwartungen ich an Sie
habe.

Es macht mir Freude, mich für ein erfolgrei-
ches Team einzusetzen, um etwas Wesentliches
zu erreichen. Dies ist allerdings nur mit Menschen möglich, die in ihrer Tätigkeit einen Sinn
sehen. Die Einstellung des einzelnen zu seiner
Arbeit entscheidet über die Ergebnisse des
Unternehmens als Ganzes. Schließlich sind es
Menschen – und nicht Maschinen oder Bilan-
zen –, die Geschäfte tätigen und Ergebnisse erzielen.

Den eigenen Sinn zu erkennen wird deshalb
für jeden und jede einzelne unter Ihnen zur zen-

tralen Aufgabe. Leider kann ich Ihnen dabei nicht helfen – außer indem ich die besten Voraussetzungen hierfür zu schaffen versuche.

Sie selbst müssen Ihren eigenen Sinn und Ihre Motivation finden. Das ist der Schlüssel zu jedem Erfolg. Verspüren Sie Freude an Ihrer Tätigkeit und sind davon überzeugt, so setzt dies eine enorme Kraft frei.

Deshalb will ich nun kurz innehalten und Sie alle fragen:

Sehen Sie einen Sinn in Ihrer jetzigen Arbeit?

Denken Sie einen Augenblick darüber nach...

...Wenn nicht, wird für Sie von nun an die wichtigste Aufgabe darin bestehen, nach einer Antwort darauf zu suchen, was Ihnen Sinn verschafft.

Das ist vor allem, was ich von Ihnen erwarte.

Wie bringen wir es denn zuwege, den Sinn unseres Tuns zu erkennen? Als erstes müssen wir uns darüber im klaren sein, daß dies von uns einen Einsatz erfordert – einen Einsatz anderer Art, als wir es vielleicht gewohnt sind.

Ich möchte dies mit einem Streichholztrick vergleichen. Es kann uns große Mühe bereiten, die Lösung zu finden; haben wir sie aber einmal gefunden, so erscheint sie uns in ihrer Einfachheit genial. Sie werden sich fragen, warum sie Ihnen nicht früher eingefallen ist.

Um diese Einsicht zu erlangen, *braucht* man Zeit – und die gebe ich Ihnen. Man muß sich aber auch Zeit *nehmen* – und das müssen Sie schon selber tun. Die Zeit benötigen Sie, um Ihren Gedanken und Gefühlen nachzugehen. Sie müssen sich auch Zeit nehmen, um Ihre eigenen Wertvorstellungen zu durchleuchten und zu überprüfen.

Vermutlich werden Sie dabei auf Wertvorstellungen stoßen, die sich widersprechen. Beispielsweise kann man davon überzeugt sein, »daß man bereit sein muß, mindestens 60 Stunden pro Woche zu arbeiten, wenn man in seiner

Karriere etwas erreichen will«. Gleichzeitig glaubt man zu wissen, »daß ein harmonisches Familienleben eine wichtige Voraussetzung für eine erfolgreiche Karriere ist«.

Diese Vorstellungen lassen sich nicht miteinander vereinbaren, denn wenn man all seine Zeit in die Arbeit investiert, leidet darunter automatisch das Privatleben. Widersprüche innerhalb des eigenen Wertesystems bewirken, daß man zwischen zwei Stühlen sitzt, was seinerseits Energieverluste zur Folge hat. Wenn Sie Ihre Wertvorstellung unter die Lupe nehmen, stoßen Sie vermutlich auch auf Dinge, bei denen es sich im Grunde um Vorurteile und Moralisierungen handelt. Die sollten Sie nach Möglichkeit abbauen. Die einzige Art, dies zu tun, ist, indem man sich ihrer erst einmal bewußt wird.

Vielleicht werden Sie auch auf Bereiche stoßen, in denen Sie gar keine Wertvorstellungen haben, das heißt Bereiche, bei denen Sie Ihren Standpunkt noch herausfinden müssen.

Auch sollten Sie sich darüber klar werden, woran Ihnen am meisten liegt, und das in Ihr Wertesystem einbeziehen. Dadurch lassen sich innere Konflikte vermeiden. Gleichzeitig setzt es eine Menge Energie frei, die ihrerseits zu einer höheren Lebens– wie auch Arbeitsqualität führt.

Der Sinn ist die Quelle nicht nur der Motivation, sondern auch anderer positiver Kräfte, z.B. der Ehrlichkeit sich selbst und anderen gegenüber.

Lügen und falsche Spiele sind nichts, worauf man stolz sein könnte. Bedenken Sie, wieviel Zeit und Energie auf das Ausklügeln politisch und strategisch geeigneter Vorstöße aufgewendet werden, nur um eigene Interessen zu fördern.

Ein ehrliches Bestreben macht alle Tricks und Klügeleien überflüssig. Ehrliche Absichten bewirken, daß wir den geraden Weg zu unserem Ziel verfolgen können, ohne Umwege über Intrigen und Machtkämpfe einschlagen zu müssen.

Ehrlichkeit hat auch Qualität zur Folge. Wer ehrlich ist, kann nur Dinge tun, die Qualität aufweisen – sonst wäre man ja nicht ehrlich. Ein ehrlicher Verkäufer könnte auf die Dauer nie etwas verkaufen, wovon er nicht voll und ganz überzeugt wäre und das nicht dem Wohl des Kunden diente. Das wäre, wie wenn er seine Seele verkaufen würde.

Alles, was wir tun, soll bis in alle Einzelheiten von Qualität geprägt sein. Dies gilt natürlich nicht nur für die physischen Produkte, sondern ebenso für unser Handeln und Verhalten.

Die Ehrlichkeit widerspiegelt sich auch in der Art, wie wir mit anderen Menschen umgehen. Hinter-dem-Rücken-Reden, Gerüchteverbreiten, Neid und Geringschätzung bewirken auf die Dauer nur, daß wir den Respekt vor uns selber verlieren. Oft denken wir gar nicht daran, daß bei der Verbreitung von Gerüchten immer mindestens zwei beteiligt sind: die Person, die plaudert, und die Person, die zuhört, ohne etwas einzuwenden.

Sind Sie aufrichtig und sich selbst treu, so wird Sie auch der Anblick, der Ihnen jeden Morgen beim Rasieren oder Schminken im Spiegel begegnet, erfreuen, und es wird Ihnen nicht schwerfallen, anderen Menschen in die Augen zu sehen.

Nun haben vielleicht einige unter Ihnen Bedenken, sie könnten anläßlich dieser Suche nach dem Sinn zum Schluß kommen, daß sie weder in ihrer Arbeit noch im Unternehmen den gewünschten Sinn sehen.

Vielleicht würden Sie in einem anderen Unternehmen oder bei einer anderen Tätigkeit mehr Befriedigung finden. Dann erwarte ich, daß wir gemeinsam ein offenes Klima schaffen, um diese Frage miteinander anzugehen.

Sollte sich innerhalb des Unternehmens keine Lösung finden lassen, so sichere ich Ihnen für die Suche nach einer anderen Lösung außerhalb unseres Unternehmens meine volle Unterstützung und meine besten Glückwünsche zu. Es wäre jammerschade, wenn jemand sich aufgrund fehlgeleiteter Loyalität seine eigenen Möglichkeiten verbauen würde, das Beste aus dem Leben herauszuholen, indem er oder sie bleibt, obwohl die Arbeit keinen Sinn macht.

Die Person würde damit nicht nur sich selbst schaden, sondern auch ihren Arbeitskolleginnen und -kollegen sowie dem Unternehmen allgemein. Denn wenn man keinen Sinn sieht, hat man auch nichts zu geben.

Manche Leute haben Tricks entwickelt, um ihr Gefühl der Sinnlosigkeit zu überspielen. Wer dieses Gefühl hat, kann es aber auf die Dauer nicht verbergen – jedenfalls nicht gegenüber anderen, die dieses Gefühl selbst einmal verspürt und dann überwunden haben. Sie haben die Tricks nämlich selbst angewandt und durchschauen sie.

Ihre Erwartungen

NUN KENNEN SIE die Erwartungen, die ich an Sie habe. Ich will aber auch auf die Erwartungen zu sprechen kommen, die Sie an mich haben können. Sie lassen sich wie folgt zusammenfassen:

Ich werde Sie nicht demotivieren. Ich wiederhole: *Ich werde Sie nicht demotivieren.*

Vorgesetzte können ihre Mitarbeiterinnen und Mitarbeiter nicht motivieren. Hingegen mag es ihnen sehr wohl gelingen, sie zu demotivieren. Sie brauchen sich nur überheblich zu zeigen, andere beim Reden zu unterbrechen, auf Anerkennung und freundliche Worte zu verzichten, alle Ehre an sich zu reißen, immer alles besser zu wissen, alle Beschlüsse selbst zu fassen, den Einsatz anderer abzuwerten sowie das Selbstwertgefühl ihrer Mitarbeiterinnen und Mitarbeiter in jeder erdenklichen Weise zu schädigen. Als unvermeidliche Folge bilden sich dann innerhalb des Unternehmens zwei Gruppen: die Gruppe jener, die signieren, und die Gruppe jener, die resignieren.

Wir können die Motivation als ein freies Strömen einer uns innewohnenden Kraft betrachten. Die Demotivation ist die Folge, wenn dieser Strom blockiert wird. Deshalb besteht die wichtigste Aufgabe unserer Vorgesetzten darin, diese freie Kraftströmung bei jedem Mitarbeiter und jeder Mitarbeiterin zu fördern. In der Praxis bedeutet dies, daß der oder die Vorgesetzte alle demotivierenden Blockierungen aufspürt und abbaut. Genau das dürfen Sie von mir erwarten.

Um die Demotivation auszuschalten, habe ich mir für Ihr Unternehmen vier Hauptaufgaben auferlegt:

Erstens werde ich dafür sorgen, daß wir uns alle einig sind über die Ergebnisse, die wir erzielen wollen.

Zweitens werde ich das Wertesystem des Unternehmens, nach dem wir arbeiten wollen, klar festlegen.

Drittens werde ich die Voraussetzungen dafür schaffen, daß jeder und jede von Ihnen sich bei der Arbeit weiterentwickeln kann.

Viertens werde ich selbst mit gutem Beispiel vorangehen und Ihnen das, was ich predige, auch selbst vorleben. Sonst ist es mit der Glaubwürdigkeit schließlich nicht weit her.

Nun möchte ich etwas ausführlicher darauf eingehen, was ich mir unter diesen vier Hauptaufgaben vorstelle. Ich gehe sie eine nach der anderen durch.

Was die Ergebnisse betrifft, die das Unternehmen erzielen soll, sind alle Vorgesetzten berechtigt, klare Anforderungen an ihre Mitarbeiterinnen und Mitarbeiter zu stellen. Meine Aufgabe besteht darin, meine Erwartungen an jedes Führungsmitglied genau zu definieren sowie klar und deutlich zu vermitteln.

Die Idee ist jedoch nicht die, daß ich selbstherrlich Forderungen und Erwartungen aufstelle, sondern daß ich mich mit allen einzeln bespreche, um einen ehrlichen und aufrichtigen Konsens zu finden. Niemand kann motiviert sein, wenn ihm oder ihr ohne eigene Beteiligung Ziele aufgezwungen werden. »Kon-sens« bedeutet schließlich »gemeinsamer Sinn«, und das soll uns als Grundlage dienen.

Genauso, wie Sie Ihre persönlichen Wertvorstellungen haben, ist es wichtig, daß auch das Unternehmen über ein Wertesystem verfügt. Die beiden sollten einen gemeinsamen Nenner aufweisen. Meine Aufgabe ist es, ein gründlich durchdachtes, differenziertes Wertesystem für das Unternehmen aufzustellen. Auf dessen Grundlage will ich dann gemeinsam mit Ihnen die Visionen erarbeiten, die wir verfolgen wollen, sowie die Geschäftspolitik und Unternehmenskultur, für die wir einstehen.

Ich will, daß alle, die hier arbeiten, mit diesem Wertesystem vertraut sind. Niemand innerhalb – und übrigens auch nicht außerhalb – des Unternehmens sollte irgendwelche Zweifel haben, wofür wir stehen.

Es ist noch zu früh, um Ihnen ein fertiges Wertesystem im einzelnen vorzustellen. Hingegen will ich einige Grundpfeiler nennen, die auf jeden Fall enthalten sein werden. Wenn wir uns daran halten, werden wir auf uns selbst und das, was wir tun, stolz sein können.

Es ist wichtig, in einer Atmosphäre des Vertrauens arbeiten zu können. Wer glaubt, seine Mitarbeiterinnen und Mitarbeiter motivieren zu müssen, hat kein Vertrauen in deren eigenen Willen, etwas Gutes zu tun, und das kommt indirekt einer Abwertung gleich.

Wenn wir unseren Mitarbeiterinnen und Mitarbeitern kein Vertrauen schenken, werden sie ihre Aufgaben auch nicht so gut erfüllen, wie wir dies wünschen. Statt dessen dürfte sich eine *self-fulfilling prophecy* einstellen.

Niedrige Erwartungen haben nämlich auch niedrige Ergebnisse zur Folge. Mangelndes Vertrauen erzeugt passive Mitarbeiter ohne Engagement. Ich pflege jeweils zu sagen, Vorgesetzte kriegen die Mitarbeiterinnen und Mitarbeiter, die sie verdienen.

Die Demotivation beginnt dort, wo man dem, was ein Mitarbeiter oder eine Mitarbeiterin denkt und empfindet, und wie er oder sie die übertragenen Arbeiten ausführt, kein Vertrauen schenkt. Viele Vorgesetzte scheinen geradezu davon besessen zu sein, ihre Untergebenen zu – allerdings verkleinerten – Kopien ihrer selbst zu machen. Wie Sie sich aber vorstellen können, kann sich kein Mensch unter solchen Bedingungen entwickeln.

Die einzige Art, um als Team erfolgreich zu sein, ist, indem man den Menschen Vertrauen und Zuversicht schenkt. Erst so können sie das Beste von sich geben. Um aber anderen Zuversicht entgegenzubringen, müssen wir zuerst uns selbst gegenüber zuversichtlich sein.

Wer immer glaubt, alles selbst besser zu machen und andere Menschen bevormunden zu müssen, hat im Grunde genommen keine Zuversicht sich selbst gegenüber.

In diesem Zusammenhang ist der Respekt ein wichtiger Bestandteil des Wertesystems. Alle Menschen wollen als Personen und für das, was sie tun, respektiert werden. Allzuleicht vergessen wir aber, anderen den Respekt zu erweisen, den wir selbst erwarten.

Wir müssen respektieren lernen, daß wir verschieden sind, und daß wir alle einmalige Individuen mit individuellen Bedürfnissen sind. Es kann nicht jeder Mittelstürmer sein und alle Tore schießen. Auch darf man nicht vergessen, daß nicht alle den Wunsch oder das Bedürfnis danach verspüren. Im Gegenteil: In einer erfolgreichen Mannschaft werden alle Beiträge benötigt. Jeder Teilnehmer ist gleich wichtig und verdient es, für seinen spezifischen Beitrag respektiert und gewürdigt zu werden.

Zum Respekt gehört auch, daß wir nicht versuchen, uns der Verantwortung zu entziehen, indem wir anderen die Schuld in die Schuhe schieben für Dinge, die schiefgelaufen sind. Es ist so einfach, andere zu Sündenböcken zu machen, und es zeugt von Respektlosigkeit, wenn man andere für die eigenen Fehler und Mängel büßen läßt.

Ein weiterer Pfeiler des Wertesystems ist die Offenheit. Offenheit muß auf Loyalität gegenüber den gemeinsamen Zielen fußen. Deshalb sollten wir immer darauf bedacht sein, direkte, konstruktive und wohlgemeinte Kritik zu üben. Das Gegenteil, die Illoyalität, liegt dann vor, wenn wir mit unserer Meinung hinter dem Berge halten. Das führt nur zu einer verklemmten Atmosphäre, in der Mißtrauen und Angst gedeihen und in der die Leute sich in ihrer Frustration gegenseitig hintergehen. In einem solchen Umfeld ist keine Veränderung möglich.

Ein offenes Klima ist die Voraussetzung dafür, daß neue Impulse und Ideen zum Tragen kommen. Keine Idee ist zu dumm oder zu ausgefallen, um geäußert zu werden. Sobald wir nur noch mit sicheren Karten spielen und es nicht mehr wagen, etwas Neues auszuprobieren, bleiben wir in unserer Entwicklung stehen. Unter Offenheit verstehe ich weiter eine Hellhörigkeit gegenüber den Ansichten anderer. Das letzte, wovon ich umgeben sein möchte, sind Menschen, die genau gleich denken wie ich oder die Dinge sagen, nur weil sie glauben, bei mir damit auf Zustimmung zu stoßen. Das mag im Augenblick zwar ganz angenehm sein, nützt aber auf die Dauer niemandem. Deshalb lege ich großen Wert darauf, daß Sie mir klar und deutlich sagen, wenn Sie etwas verändern wollen.

Bezüglich des Wertesystems ist es nicht zuletzt auch wichtig, daß wir eine positive Einstellung zu unserer Tätigkeit haben und daß wir von Menschen umgeben sind, die das ebenfalls haben. Ich will, daß mir meine Arbeit Freude bereitet. Freude und Humor sind wichtig, damit wir uns wohl fühlen. Selbstverständlich müssen wir manchmal auch ernst sein, aber wir müssen nicht alles mit tierischem Ernst betreiben. Wir müssen lachen können – hin und wieder auch über uns selbst! Wir dürfen an allem Spaß haben, solange unsere Einstellung aufrichtig ist. Dabei geht es natürlich darum, *mit anderen* und nicht *über* andere Menschen zu lachen.

Meine dritte Hauptaufgabe besteht darin, die Voraussetzungen dafür zu schaffen, daß Sie sich im Rahmen Ihrer Arbeit bestmöglich entwickeln können.

Ich werde mich dafür einsetzen, daß Sie in einer interessanten und anregenden Umgebung arbeiten können. Ihren konkreten Aufgaben müssen Sie jedoch selbst einen Sinn verleihen, damit sie Ihren Fähigkeiten und Ambitionen entsprechen. Ihre Arbeit soll vielseitig sein und eine Herausforderung darstellen.

Gleichzeitig müssen Ihre Aufgaben natürlich auch für das Unternehmen und dessen Geschäftsgang sinnvoll und nützlich sein. Sie müssen spüren, daß Ihre Arbeitsleistungen etwas bringen. Nur dann können Sie sich mit Ihrer Tätigkeit identifizieren.

Eine weitere wichtige Voraussetzung ist, daß Sie selbständig arbeiten. Ich möchte es Ihnen überlassen, wie Sie Ihre Aufgaben ausführen.

Je mehr Sinn Sie Ihrer Arbeit abgewinnen und je stärker Sie motiviert sind, desto mehr kann ich Ihnen freie Hand lassen. Wer andern Freiheit läßt, ist selbst frei. Ich erachte es als wichtiges Ziel, die Freiheit laufend auszuweiten.

Auch dürfen wir die Bedeutung des Feedbacks nicht vergessen. Ich werde davon so viel geben, wie ich kann. Alle brauchen ein Feedback über ihre Leistungen, sei es nun Kritik oder Anerkennung. Im Ungewissen zu schweben ist wie in einem Vakuum zu leben. Wir haben ein natürliches Bedürfnis zu wissen, ob wir eine Arbeit gut oder schlecht gemacht haben.

Ich werde Ihnen in kurzen, regelmäßigen Abständen ein Feedback liefern. Dieses soll möglichst sachlich sein und sich vor allem an der Leistung orientieren.

Die Absicht ist die, daß Sie genau wissen, wo Sie stehen, damit Sie die Möglichkeit haben, sich zu verbessern, sofern dies nötig ist.

Auch will ich ihnen folgendes versichern: Sie dürfen von mir erwarten, daß ich als Vorbild diene und den Weg weise, auf den wir das Unternehmen führen werden. In dieser Rolle muß ich natürlich entsprechend dem Wertesystem des Unternehmens leben.

Ich hoffe nun, daß die Begeisterung, die ich

für die mir bevorstehende Aufgabe verspüre, sich auf Sie übertragen wird. Wenn wir unsere Arbeit wirklich mögen und auch eine Leidenschaft dafür entwickeln, werden wir dadurch bedeutend produktiver.

Dafür will ich einstehen, und ich wünsche mir, daß es sich auf das ganze Unternehmen überträgt, indem Dinge in die Tat umgesetzt werden. Das dürfen wir beim ganzen Reden über Wertesystem, Sinn und Motivation nämlich nicht vergessen: Sie sind kein Selbstzweck, sondern tragen dazu bei, daß wir unsere Ziele schneller erreichen und erfolgreicher werden.

Unsere gemeinsame Rolle

NUN WISSEN SIE etwas mehr über meine Erwartungen an Sie und die Erwartungen, die Sie an mich stellen können. Wir dürfen allerdings nicht vergessen, daß wir vor allem gegenüber den Aktionären, Kunden, Lieferanten usw. unseres Unternehmens eine wichtige gemeinsame Rolle zu spielen haben. Schließlich haben sie ihr Vertrauen in uns gesetzt und in unsere Fähigkeit, unser Bestes zu geben.

Wenn wir zeigen können, daß unsere Tätigkeit einen Sinn hat, wenn wir auf unsere Leistungen stolz sind und wenn wir anderen gegenüber eine aufrichtige Freude ausstrahlen, wirkt das ansteckend. Nicht nur trägt es zu einer bedeutend besseren Zusammenarbeit und besseren Beziehungen bei; auch die anderen werden uns entsprechend begegnen, indem sie ihrerseits ihr Bestes geben. Ihr Einsatz und ihre Unterstützung sind schließlich auch für unseren Erfolg von großer Bedeutung.

Wir haben allerdings nicht nur eine Rolle nach außen zu spielen, sondern auch innerhalb des Unternehmens einander gegenüber. Hier besteht unsere wichtigste Aufgabe – und darin sehe ich die eigentliche Führungsaufgabe – darin, unsere Mitarbeiterinnen und Mitarbeiter zu unterstützen, damit sie selbst Sinn und Motivation finden. Dem Keim, der in jedem Menschen ruht, Wasser und Nahrung zu geben, auch wenn er zu einer Pflanze heranwachsen könnte, die größer ist als unsere eigene.

Gelingt uns das, dann sind wir bereits einen großen Schritt vorangekommen. Dann sind wir nämlich nicht mehr auf uns selbst und unseren eigenen Erfolg fixiert. Nur so kann ein Unternehmen gedeihen und wirklich erfolgreich sein.

Und das Geniale daran ist, daß wir uns zugleich selbst entwickeln – gerade indem wir anderen helfen, sich zu entwickeln.

Wie ich aus Erfahrung weiß, tun sich viele Menschen hiermit äußerst schwer. Sie kümmern sich lieber um die eigenen Bedürfnisse und Ziele als um die der anderen. Viele vergessen allmählich, was ihnen ursprünglich zu ihrem Erfolg verholfen hat. Anstatt anderen weiterzuhelfen, verstricken sie sich in Dinge wie Macht, Prestige und Status. Sie bewachen ihr eigenes Revier und geben sich allzusehr den eigenen Interessen hin. Dabei benutzen sie andere Menschen als Steine im eigenen Spiel.

Wenn ich solchen Menschen begegne, frage ich sie oft, welches Verhalten sie sich von anderen Menschen wünschen. Interessanterweise kriege ich dann meistens das gleiche zu hören: Sie wollen, daß man ihnen eine positive Einstellung entgegenbringt, Respekt und Verständnis zeigt.

Die Frage, warum sie anderen nicht genauso begegnen, gibt ihnen dann meistens zu denken.

Ich will, daß alle im Unternehmen – und zwar wirklich alle – den Sinn ihrer Tätigkeit erkennen. Deshalb ist es wichtig, daß wir die Idee weitergeben. Wir dürfen aber nicht vergessen, daß wir zuerst selbst den Sinn finden müssen, und das ist keine leichte Aufgabe. Es reicht nicht, nur den Verstand einzusetzen. Es muß auch gefühlsmäßig stimmen und dann – wohl das Schwierigste von allem – im Alltag umgesetzt werden.

Wenn wir den Sinn erkannt haben, müssen wir auch dafür kämpfen, ihn aufrechtzuerhalten. Er ist nämlich nicht unbedingt ein für allemal gegeben. Haben wir aber einmal die Energie und Freude verspürt, die uns bei einer sinnvollen Tätigkeit zuteil werden, dann wissen wir auch, daß wir uns nie mehr mit etwas Geringerem begnügen werden.

Meine Tür

ZU BEGINN SAGTE ICH Ihnen, ich wolle Sie nicht motivieren. Auch habe ich gesagt, ich wolle Sie nicht demotivieren. Was ich hingegen tun will, ist, Ihnen zu helfen, damit Sie die Quelle Ihrer eigenen Motivation finden – ähnlich wie mir einmal geholfen wurde. Wenn Sie den Sinn des Lebens erkennen, sind Sie auch motiviert, Dinge zu tun, auf die Sie dann mit Recht stolz sein können. Ich sage es nochmals: Wenn Sie heute noch nichts Derartiges verspüren, haben Sie nun wirklich eine Aufgabe vor sich, die es sofort anzupacken gilt!

Wir sollten uns dessen bewußt sein, daß die Umsetzung dieser Gedanken in die Praxis ein laufender Prozeß ist, der eine ständige Arbeit an uns selbst erfordert. Das ist nicht immer einfach, denn es zwingt uns auch, uns mit unseren Schwächen auseinanderzusetzen. Bei diesem Prozeß können wir alle gelegentlich etwas Hilfe und Unterstützung benötigen. Deshalb mache ich Ihnen folgendes Angebot:

Meine Tür steht für Sie immer offen. Nicht, damit ich die Ihnen übertragenen Aufgaben für Sie löse, sondern damit ich Ihnen bei der Suche nach dem Sinn Ihrer Tätigkeit und nach Ihrer eigenen Motivation beistehen kann.

Wenn Sie Ihre Arbeit zu einem wichtigen Teil Ihres Lebens machen und sich persönlich weiterentwickeln wollen, unterstütze ich Sie gerne in jeder Hinsicht; nicht aber, indem ich nett und freundlich zu Ihnen bin, sondern indem ich Sie herausfordere und dazu bringe, über Ihren eigenen Schatten zu springen. Im Leben geht es um Vitalität, nicht um Bequemlichkeit. Es geht um den Mut, sein Leben selbst in die Hand zu nehmen. Es geht um das Wagnis, seinen eigenen Weg zu gehen und das zu tun, wovon man überzeugt ist.

Wer erwartet, daß sein Chef ihn weiterbringt, wartet meist vergeblich. Viele Chefs wollen ja schließlich besser sein als ihre Untergebenen, damit man sie nicht eines Tages ersetzen kann. Mein Ziel ist es, mich im Unternehmen überflüssig zu machen. Deshalb gedenke ich, Sie zu fördern und zu unterstützen, wo ich kann. Die beste Belohnung, die ich mir vorstellen kann, wäre, Mitarbeiterinnen und Mitarbeiter zu haben, die besser sind als ich selbst. Und das letzte, was ich mir wünsche, wäre, daß das Unternehmen von mir völlig abhängig würde. Ich werde somit viel Zeit haben, mich auf die wichtigsten Aufgaben zu konzentrieren – etwas, was nur wenigen Vorgesetzten vergönnt ist!

Wenn Sie wollen, können Sie mein Angebot annehmen. Sie können heute schon damit beginnen, Ihre Zukunft zu gestalten. Das Leben ist zu wertvoll, um ohne Sinn gelebt zu werden!

Fragen und Antworten

NACHDEM UNSER FREUND innegehal-
ten hatte, folgte ein langes Schweigen.

Er sah sich die Anwesenden alle einzeln an,
und es war nicht schwer zu erkennen, daß sie
sowohl nachdenklich als auch verwirrt waren.
Nach einer Weile fragte er, ob jemand gerne
eine Frage stellen wollte. Als einzige Antwort
begannen sich die Leute auf ihren Stühlen zu
drehen und einander anzuschauen – wie wenn
jeder hoffte, jemand anders würde die Initiative
ergreifen und eine Frage stellen.

»Nun gut, darf ich vielleicht vorschlagen, daß
wir statt dessen eine kurze Pause einlegen?
Draußen vor dem Saal sind Kaffee und Bröt-
chen aufgetischt.«

Alle erhoben sich und verließen den Saal. Bald schon standen sie spontan in kleinen Gruppen beieinander und unterhielten sich angeregt. Ganz offensichtlich hatten sie etwas zum Nachdenken erhalten. Die Luft zitterte förmlich vor Energie. Man konnte richtig den Puls des Unternehmens spüren – jenen Puls, den es in allen Unternehmen gibt, der aber so selten bei allen im gleichen Takt schlägt.

Als alle sich wieder versammelt hatten, ergriff der neue Geschäftsführer wieder das Wort:

»Es war nicht schwer zu hören und zu sehen, daß meine Ausführungen einiges zu reden gegeben haben. Nun würde ich mich natürlich freuen, wenn ich an Ihren Meinungen und den aufgetauchten Fragen teilhaben dürfte. Bitte sehr, das Wort ist frei.«

Die Marketingleiterin meldete sich als erste zu Wort. Sie wandte sich an unseren Freund und fragte ihn:

»Ich wage zu behaupten, daß viele hier nicht

die Einstellung zur Arbeit haben, die Sie von uns erwarten. Was schlagen Sie ihnen vor, zu tun? Besteht für sie überhaupt noch eine Möglichkeit, mit Ihnen als Geschäftsführer hier weiterhin zu arbeiten?«

»Selbstverständlich besteht die. Den Sinn seiner Arbeit zu erkennen und daraus seine innere Motivation zu beziehen ist nichts, was von einem Tag auf den anderen geschieht. Vorerst einmal ist es entscheidend, daß der Wille da ist und daß man sich ernsthaft bemüht. Bereits das Gefühl, daß man auf dem richtigen Weg ist, erzeugt Befriedigung und Motivation.

Fehlt allerdings der Wille, nach dem Sinn zu suchen, so besteht auch keine Bereitschaft zur Weiterentwicklung. Da unser Unternehmen eine große Wandlung durchmachen, das heißt sich weiterentwickeln soll, sehe ich keinen Sinn darin, Leute weiterhin dabeizuhaben, die nur alles beim alten lassen wollen. Wenn uns unser Vorhaben gelingen soll, müssen wir alle in die gleiche Richtung rudern. Wir können es uns nicht leisten, Leute an Bord zu haben, welche die Ruder nur im Wasser mitschleifen, und noch weniger Leute, welche heimlich in die entgegengesetzte Richtung rudern. Das kostet uns, die wir in eine bestimmte Richtung aufgebrochen sind, zu viel Zeit, Energie und Ressourcen.

Deshalb will ich erneut betonen, daß ich es als meine wichtigste Pflicht erachte, die Voraussetzungen zu schaffen, damit Sie alle den Sinn, den Sie suchen, auch finden können. Jenen, welche mit dieser neuen Auffassung zu Beginn etwas Mühe haben, werde ich alle Hilfe und Unterstützung bieten, die ich kann. Noch kenne ich Sie nicht alle; aufgrund meiner bisherigen Erfahrungen bin ich jedoch zuversichtlich, daß wir auch bei Ihnen die individuellen Prozesse gemeinsam in Gang bringen werden.

Ich weiß, daß Sie die Energie und den Willen haben, um unser Unternehmen weiterzubringen und auf den Platz zu erheben, wo es hingehört – nämlich ganz oben.

Habe ich Ihre Frage damit beantwortet?«

Die Marketingleiterin nickte. Der Leiter der Finanzabteilung räusperte sich und stellte die nächste Frage:

»Sie haben erwähnt, es würde Veränderungen geben. Können Sie uns näher erläutern, was für Veränderungen Ihnen vorschweben? Gleichzeitig möchte ich erwähnen, daß ich im Laufe der Jahre eine beachtliche Anzahl Geschäftsführer miterlebt habe, die genau wie Sie zu Beginn Veränderungen und Verbesserungen ankündigten. Meistens geschah dann aber gar nichts – alles nur Schall und Rauch.«

»Ich weiß natürlich nicht, was Sie zuvor zu hören gekriegt haben, aber ich kann mir durchaus vorstellen, daß Sie recht haben: allzu viele Versprechen, daß alles anders werde.

Aber überlegen Sie mal: Habe ich Ihnen eigentlich etwas versprochen – außer, Ihnen die

Möglichkeit zu geben, sich selbst weiterzuentwickeln, indem Sie in Ihrer Tätigkeit einen Sinn erkennen? Was ich Ihnen anbiete, ist lediglich, Sie auf einer Wanderung durch neues Gelände zu begleiten.

Selbstverständlich habe ich Vorstellungen davon, welche Veränderungen nötig wären. Nicht ich bin es aber, der die Veränderungen herbeiführen soll, sondern Sie. Die einzige Veränderung, die ich beabsichtige, ist die, geeignete Voraussetzungen zu schaffen, damit Sie Ihrer Arbeit einen Sinn abgewinnen. Das soll bei Ihnen Energie freisetzen und Freude auslösen. Überlegen Sie mal. Glauben Sie nicht, daß unser Unternehmen viel bessere Ergebnisse erzielen würde und ein angenehmerer Arbeitsort wäre, wenn alle engagiert, motiviert und...«

Ein rotwangiger Bereichsleiter unterbrach den Geschäftsführer. Er schien schon lange etwas auf der Zunge gehabt zu haben:

»Ja, ja, das sind alles schöne Worte, aber es

gibt auch eine Wirklichkeit. Ich arbeite seit bald zehn Jahren hier, und uns wurde eine Menge Berater, Kurse und Förderungsprogramme vorgesetzt, um genau das zu erzielen, wovon Sie sprechen. Ich habe jedoch nie irgendeine dauerhafte Veränderung feststellen können. Wie kommen Sie dazu zu glauben, daß es Ihnen nun gelingen werde, alle zu motivieren?«

»Ich habe nicht gesagt, daß ich Sie zu motivieren gedenke. Im Gegenteil habe ich gesagt, daß ich Sie *nicht* zu motivieren gedenke. Das müssen Sie schon selber tun. Hören Sie bitte alle hin, denn dies ist vermutlich der entscheidende Unterschied gegenüber den bisherigen Versuchen: Solange das einzelne Individuum keine persönliche Verantwortung für die durchzuführenden Veränderungen übernimmt, wird es keine Veränderungen geben.«

»Sie meinen also, ich hätte mich nicht dafür eingesetzt, die Veränderungen zustande zu bringen?«

»Dazu kann ich mich nicht äußern, da dies mein erster Tag in dieser Firma ist. Aber wenn keine Veränderung erfolgt ist, glaube ich, daß das doch einiges mit Ihnen zu tun haben dürfte.

Sie haben vielleicht geglaubt, Sie könnten nichts bewirken, weil so viele andere auch noch da waren. Wenn alle so denken, ist es kaum erstaunlich, wenn nichts geschieht. Sie müssen verstehen, wie wichtig Ihr eigener Beitrag ist, wenn es darum geht, eine Verbesserung herbeizuführen. Sie hängt nämlich ganz wesentlich auch von Ihnen ab. Wir alle müssen die Initiative ergreifen und dürfen nicht darauf warten, daß andere den ersten Schritt tun.

Wenn Sie mit mir arbeiten, möchte ich vor allem wissen, welche Veränderungen Sie erzielen wollen. Ich werde Ihnen nicht meine Ansichten aufzwingen oder Sie dazu bringen wollen, auf meine Art zu arbeiten und Geschäfte zu tätigen. Sie müssen voll und ganz spüren, daß Sie Ihre Situation selbst in der Hand haben.«

»Sie meinen also, daß ich ganz selbständig die Ziele meines Geschäftsbereichs erarbeiten und Verantwortung dafür übernehmen soll?«

»Ja.«

»Was aber ist, wenn das dem zuwiderläuft, was Sie und der Aufsichtsrat vorhaben? Was geschieht dann?«

»Das Risiko ist wohl nicht so groß, da das Unternehmen über ein klar definiertes Wertesystem verfügen wird, das alle kennen und akzeptieren. Meine Aufgabe ist es, dieses Wertesystem zu erarbeiten und an alle im Unternehmen weiterzugeben – und übrigens auch außerhalb! Auf diese Weise werden wir alle mit denselben Maßstäben arbeiten, und ich kann mich darauf verlassen, daß alle Beschlüsse im Interesse des Unternehmens gefaßt werden. Ein gemeinsames Wertesystem schafft großes Vertrauen.«

»Das ganze klingt in der Theorie außerordentlich gut, und ich muß sagen, es wäre fantastisch, wenn es auch in der Praxis funktionieren würde. Da habe ich aber eben meine Zweifel.«

»O.K., zu Beginn werden Sie meinen Worten wohl Glauben schenken müssen. Ich werde Ihnen aber bald schon zeigen können, daß es auch in der Praxis läuft. Weitere Fragen?«

Ein Produktionsleiter erhob die Hand:

»Sie haben davon gesprochen, ein gemeinsames Wertesystem aufzustellen. Bedeutet das, daß Sie uns indoktrinieren und gleichschalten wollen?«

»Keineswegs. Im Gegenteil. Ich will nicht, daß Sie Ihre Persönlichkeit aufgeben oder sich auf eine bestimmte Art und Weise verhalten. Ich glaube nicht an die Gleichschaltung von Menschen, weil dabei wertvolle persönliche Eigenschaften verloren gehen. Wer wünscht sich denn schon Zwangsjacken? Wer arbeitet da schon gut? Daß wir verschieden sind, ist ein großer Vorteil. Statt dessen wird es jedoch allzuoft als Nachteil aufgefaßt.

Die Menschen haben oft die Tendenz zu glauben, ihre eigene Art des Denkens und Handelns sei die beste. Es fällt ihnen deshalb schwer, andere Denkarten zu tolerieren und zu respektieren. In Tat und Wahrheit ist der Blickwinkel anderer Menschen für uns eine unheimlich wertvolle Ergänzung zum eigenen. Er hilft uns, Probleme und Aufgaben aus einer völlig anderen Perspektive zu betrachten, was wiederum zu einem besseren Verständnis des Ganzen führt. Genau die verschiedenen Persönlichkeiten innerhalb einer Gruppe sind es, die ein einseitiges Denken und Arbeiten verhindern.

Ein gemeinsames Wertesystem aufzubauen bedeutet nicht, Sie gleichzuschalten. Das Wertesystem verleiht dem Unternehmen sowie seinen Mitarbeiterinnen und Mitarbeitern eine klare Orientierung: Es funktioniert wie ein Leitstern. Es sorgt dafür, daß alle Ressourcen möglichst gut koordiniert werden. Das ist, wie wenn man eine schwere Last zu ziehen hat: Alle müssen gleichzeitig in dieselbe Richtung ziehen. Ein Unternehmen muß, wie bereits erwähnt, ein klar definiertes Wertesystem besitzen, um seinen Mitarbeiterinnen und Mitarbeitern überhaupt die Voraussetzungen bieten zu können, in ihrer Arbeit einen Sinn zu erkennen.

Dies bedeutet nicht, daß wir als einzelne das angebotene Wertesystem zu übernehmen haben. Personen, deren eigenes Wertesystem sich mit demjenigen des Unternehmens vereinbaren läßt, haben sehr gute Voraussetzungen, um ihrer Arbeit einen Sinn abzugewinnen. Personen, die sich mit dem Wertesystem des Unternehmens jedoch nicht abfinden können, würden wohl gut daran tun, sich nach einem anderen Unternehmen umzusehen, dessen Wertesystem ihnen eher entspricht. Es wäre grundfalsch, wenn jemand gezwungen würde, gegen seine innere Überzeugung zu handeln. Das würde niemals funktionieren – weder für die betreffende Person noch für das Unternehmen.

Mein Führungsstil hat genau dies zum Hauptprinzip, und was ich von Ihnen verlange, ist, daß wir uns alle in einem Punkt einig sind: Wir alle sollten den Sinn unserer Tätigkeit entwickeln, und wir sollten unser Unternehmen gemeinsam und engagiert neuen, noch kühneren Zielen entgegenführen. Das ist, wenn man so will, die einzige vorgesehene Gleichschaltung.«

Ein Räuspern ertönte. Es war wieder der Leiter der Finanzabteilung:

»Entschuldigen Sie, aber ich kann mich nicht länger zurückhalten. Was Sie sagen, überzeugt mich einfach nicht.«

»Erzählen Sie uns, warum.«

»Ich glaube nicht, daß die Leute da sind, um zu sich selbst zu finden. Wir sind da, um die Ergebnisse zu erzielen, die das Unternehmen braucht. Das ist eine harte und schwierige Aufgabe und keine Vergnügungsfahrt.«

»Ich bin ganz mit Ihnen einverstanden, daß

wir da sind, um die Ergebnisse zu erzielen, die das Unternehmen braucht. Mit Ihrer Einstellung bin ich hingegen nicht einverstanden. Ich bin überzeugt, daß wir bessere Ergebnisse erzielen, wenn uns unsere Arbeit und unsere Geschäfte Freude bereiten und wenn wir unsere Tätigkeit interessant und bereichernd finden.

Es ist leicht, die Idee von der Suche nach dem Sinn als lächerlich abzutun, aber das tut nur, wer nicht verstanden hat, worauf es hinausläuft. Ich kann mir nicht vorstellen, daß es etwas Wichtigeres gäbe als eben die Suche nach dem Sinn. Sie muß mit größter Ernsthaftigkeit betrieben werden, wenn etwas dabei herauskommen soll – jedoch nicht ohne Humor!«

»Darüber läßt sich ja schon diskutieren. Aber das wichtigste Problem, vor dem wir heute stehen, ist unsere mangelnde Wirtschaftlichkeit. Ich finde, wir sollten uns statt dessen darauf konzentrieren. Sind Sie da nicht mit mir einverstanden?«

Der Leiter der Finanzabteilung schaute um sich, und einige Köpfe nickten.

Der Geschäftsführer ergriff das Wort:

»Ich habe die Finanzen des Unternehmens studiert, und soweit ich sehen kann, hat das Unternehmen seit acht Jahren Probleme mit der Wirtschaftlichkeit. Stimmt das nicht?«

»Doch, das stimmt. Wir haben die ganze Zeit versucht, unsere Wirtschaftlichkeit zu verbessern, aber es ist uns noch nicht gelungen. Das hat verschiedene Gründe, für die wir nichts können. Beispielsweise hat die Konkurrenz enorm zugenommen, während der Markt geschrumpft ist. Dadurch sind die Preise gesunken, nicht aber die Kosten.«

»Stimmt es denn, daß einer unserer größten Konkurrenten eine gute Wirtschaftlichkeit aufweist?«

»Ja.«

»Finden Sie es da nicht eigenartig, der Konkurrenz und dem Markt die Schuld zu geben?

Warum sollten nicht auch wir eine gute Wirtschaftlichkeit aufweisen, wenn ein Konkurrent dies tut? Wenn man glaubt, seine Situation nicht beeinflussen zu können, ist man leicht geneigt, die Schuld von sich zu weisen und sich als Opfer der Umstände zu betrachten. Bei der Einstellung erstaunt es nicht, wenn man Schwierigkeiten hat, eine Lösung auf seine Probleme zu finden. Da Sie aber während all dieser Jahre der Frage der Wirtschaftlichkeit den Vorrang gegeben haben, müssen Sie ja inzwischen herausgefunden haben, wie wir dieses Problem angehen sollten. Können Sie uns kurz beschreiben, welche Maßnahmen nötig sind, um unsere Wirtschaftlichkeit zu verbessern?«

»Wüßte ich das, dann säße ich heute wohl auf Ihrem Stuhl.«

Es lachten einige.

»Ich weiß, daß es für einen Leiter der Finanzabteilung wichtig ist, kritisch und genau zu sein. Das erachte ich als große Tugend. Sie haben aber soeben zugegeben, daß Sie, was die Wirtschaftlichkeit des Unternehmens angeht, festgefahren sind. Sollten Sie sich da nicht für einen neuen Ansatz öffnen – zumindest bis Sie ihn einmal erprobt haben?

Ist nicht genau das der Punkt, an dem es hapert: daß man es eben nicht wagt, etwas Neues auszuprobieren? Das ist übrigens ein weitverbreitetes Phänomen bei Unternehmen, die stagnieren. Man klammert sich krampfhaft an Altbewährtes, weil man befürchtet, noch mehr zu verlieren. Man wendet all die »richtigen« Schulrezepte an: Rationalisierung, Effizienzsteigerung, Optimierung – und doch kommt man nicht weiter. Man verfolgt eine Strategie der Erhaltung, mit der vor allem das herkömmliche Denken gefördert wird, anstatt daß man den Problemen auf den Grund geht und sieht, daß es eigentlich um die Frage des Sinns geht – oder vielmehr des Mangels an Sinn.«

»Sie haben heute eine sehr unkonventionelle und meines Wissens nicht erprobte Methode der Unternehmensführung vorgestellt. Da ich nicht weiß, ob sie funktionieren wird, stelle ich mir eben einige Fragen. Aber ich will mich gerne davon überzeugen lassen, sofern der Weg aus der Sackgasse hinausführt.«

»Sitzen Sie nicht einfach da und warten darauf, daß andere oder ich Sie überzeugen, sonst werden Sie mit größter Wahrscheinlichkeit enttäuscht sein. Kommen Sie jedoch vorbei, damit wir unsere Meinungen austauschen können. Überzeugen müssen Sie sich aber schon selber.«

Ein EDV-Leiter erhob sich:

»Vielleicht kann ich hier etwas beitragen. Ich habe nämlich in dem Unternehmen gearbeitet, in dem Sie zuletzt als Geschäftsführer tätig waren, allerdings noch vor Ihrer Zeit. Ich habe noch immer einen guten Kontakt zu meinen damaligen Arbeitskolleginnen und -kollegen und habe deshalb so einiges über Sie und Ihre

Führungsmethoden gehört. Der Firma ging es nicht besonders gut. Ich mußte das Unternehmen verlassen, weil es sich gezwungen sah, den Bereich seiner Tätigkeit niederzulegen, in dem ich arbeitete.

Bereits kurz nach Ihrem Eintritt war das Unternehmen wieder auf den Beinen und erzielte zum ersten Mal seit fünf Jahren einen Gewinn.

Noch stärker beeindruckt waren meine Kolleginnen und Kollegen aber von Ihrer Vorgehensweise. Aufgrund der damaligen Lage hatten sie sich auf harte Maßnahmen und erhöhten Druck gefaßt gemacht. Statt dessen lockerten Sie jedoch die Zügel, während Sie zugleich auf irgendeine unerklärliche Weise bewirkten, daß die Zusammenarbeit viel besser funktionierte. Es war, wie wenn das Unternehmen und die Belegschaft ihr Selbstvertrauen zurückgewonnen hätten. Meine Kolleginnen und Kollegen sprachen die ganze Zeit von all den Veränderungen, die im Gange waren, und von den guten Ergebnissen, die sie selbst erzielten. Sie gingen ganz in ihrer Arbeit auf.

Als ich das Unternehmen verließ, war die Stimmung am Boden. Nachdem Sie gekommen waren, begannen sich alle wieder wohl zu fühlen. Ich wurde richtig neidisch auf meine früheren Kollegen, weil ich die guten Zeiten nicht selbst miterleben durfte. Nun scheint es jedoch, daß mir dieses Glück trotzdem vergönnt ist.

Im einzelnen weiß ich nicht, wie Ihnen der Erfolg gelang. Nach Ihren heutigen Ausführungen verstehe ich das Ganze jedoch ein wenig besser. Ich will nur sagen, daß ich begeistert bin, und daß Sie auf meine volle Unterstützung zählen können. Oder besser gesagt: Ich werde Sie unterstützen, indem ich alles in meiner Macht tue, um selbst erfolgreich zu sein.«

Der Direktor dankte dem EDV-Leiter für sein Vertrauen und wandte sich wieder dem Leiter der Finanzabteilung zu:

»Ich will und werde Sie nicht davon zu überzeugen versuchen, daß meine Art der Führung
die richtige ist. Sie müssen aber wissen, daß ich
bestimmte Erwartungen an Sie habe. Ich will,
daß Sie darüber nachdenken, was ich heute gesagt habe, daß Sie in sich gehen und daß Sie sich
fragen, ob Sie mit dem, was Sie heute tun, zufrieden sind; ob Sie an Ihrer Tätigkeit echte
Freude haben; ob andere die Zusammenarbeit
mit Ihnen interessant und herausfordernd finden und ob Sie Ihr ganzes Potential nutzen.
Wenn Sie diese Fragen für sich beantwortet
haben, möchte ich wissen, welche Veränderungen Sie wünschen – und nicht nur das: Ich
möchte auch wissen, wie Sie die betreffenden
Veränderungen herbeizuführen gedenken.

Dies betrifft übrigens nicht nur Sie persönlich, sondern alle Anwesenden. Niemand darf
einfach darauf warten, daß etwas geschieht –
sonst geschieht gar nichts.«

»Ich weiß, daß Sie vor 15 Jahren Geschäftsführer eines Unternehmens unserer Branche waren«, sagte plötzlich der Personalleiter. »Das Unternehmen war in Schwierigkeiten, aber Sie vermochten es wieder auf die Beine zu bringen. Nach einigen Jahren machte es dann trotzdem Konkurs. Wie sehen Sie das heute?«

»Ich weiß, welches Unternehmen Sie meinen. Es war meine erste Stelle als Geschäftsführer. Es handelte sich um einen alten Familienbetrieb, der von einem größeren Konzern aufgekauft worden war. Ich erhielt die Stelle, weil der neue Aufsichtsrat wußte, daß ich ein ›Macher‹ war, der die Dinge rasch und effizient anpackte. Ich kam wohl eher als Wirbelwind denn als frischer Wind in das Unternehmen hinein. Ich änderte die Strategie, gliederte unrentable Teile aus, änderte das Organigramm von einer produkt- zu einer marktorientierten Organisation, nahm Umverteilungen der Organisationseinheiten vor und veranlaßte Vorgesetzte, die zu lange und zu bequem auf ihren Sesseln geruht hatten, zum Verlassen des Unternehmens. Der Aufsichtsrat war von meiner Tatkraft beeindruckt.

Im Nu hatten wir unsere Kostenwirksamkeit erreicht und verzeichneten ein Jahr, nachdem wir in den roten Zahlen gewesen waren, einen Millionengewinn.«

»Es gelang Ihnen also, den Trend umzukehren. Machte das Unternehmen Konkurs, weil Sie es verließen?«

»Ich würde es so sagen: Operation gelungen, Patient tot. Als ich das Unternehmen verließ, um eine neue Stelle anzutreten, war ich mit dem Ergebnis zufrieden. Heute ist es mir eher peinlich. Ich sah nur das Ergebnis unter dem Strich und dachte nicht weiter als bis zum nächsten Rechnungsabschluß. Wichtig war mein Erfolg – nicht der des Unternehmens.

Ich gliederte Teile des Unternehmens aus, ohne zu verstehen, daß ich zugleich wichtige Nervenbahnen durchschnitt: Kontakte und Vertrauen, die über die Jahre gewachsen waren. Ich hatte kein Gespür dafür, daß ich damit auch Menschen aus Fleisch und Blut ausgliederte. Auch war mir nicht bewußt, daß ich die Zurückgebliebenen lediglich aufgefordert hatte, die Richtung zu ändern, den Markt anders zu betrachen usw.

Ich hatte sie aber nicht dazu gebracht, mich wirklich zu verstehen, und noch weniger hatte es in ihrem eigenen Denken und ihren Wertvorstellungen Wurzeln geschlagen. Ich hatte einfach das meiste, was ihnen zuvor etwas bedeutet hatte, zerschlagen, ohne es durch etwas bedeutendes Neues zu ersetzen. Deshalb machte das Unternehmen auch Konkurs, sobald ich nicht mehr alle einzeln mit starker Hand führen konnte. Ich verließ das Schiff noch, bevor es zu sinken begann. Heute bin ich allerdings überzeugt, daß es ohnehin gesunken wäre, auch wenn ich am Ruder geblieben wäre. Damals kreiste nämlich alles um mich als Geschäftsführer, und alle waren gezwungen, meine Anweisungen zu befolgen. Eine derartige Führung ist auf die Dauer einfach unhaltbar.«

Der Verkaufsleiter hatte lange ruhig und in sich versunken dagesessen. Nun regte er sich:

»Was Sie da sagen, kann doch nicht für Mitarbeiterinnen und Mitarbeiter weiter unten in der Organisation zutreffen, beispielsweise für das Personal an der Telefonzentrale oder für jene, die sich mit dem Auftragseingang und der Fakturierung befassen? Ich kann mir nicht vorstellen, daß man auch sie dazu bewegen könnte, nach dem Sinn ihrer Arbeit zu suchen. Sie haben es doch einfach auf ein gutes Gehalt und möglichst großzügige Sozialleistungen abgesehen.«

»Ich glaube, Sie unterschätzen Ihre Mitarbeiterinnen und Mitarbeiter. Jeder Mensch will wissen, warum er etwas tut. Das Problem ist einfach das: Je weiter unten man sich innerhalb der Hierarchie befindet, desto schlechter sind im allgemeinen die Voraussetzungen, daß man den

Sinn der Arbeit erkennt. Das ist der Grund, weshalb man sich dann so sehr am Materiellen orientiert.

Das Ziel besteht darin, daß der allgemeine Sinn das ganze Unternehmen durchdringt und ausnahmslos für alle Mitarbeiterinnen und Mitarbeiter Gültigkeit erhält. Schließlich geht es ja um alle Leute. Hierzu muß man an der Spitze des Unternehmens beginnen und dann innerhalb der Hierarchie schrittweise nach unten gehen. Schließlich kann man von den Mitarbeiterinnen und Mitarbeitern nicht verlangen, daß sie den Sinn ihrer Arbeit zu erkennen suchen, wenn ihre Vorgesetzten dies nicht auch tun.«

»O. K., eine andere Frage. Vor drei Monaten haben wir unsere Dreijahresstrategie mit Jahresplan und Budget festgelegt. Wenn Sie große Veränderungen vorhaben, sollten wir dann all dies vergessen? Wir haben nämlich nächste Woche unser Jahrestreffen mit dem ganzen Verkaufspersonal, und ich möchte gerne wissen, was ich den Leuten dann erzählen soll. Ich muß ihnen ja schließlich sagen können, welche Ziele sie erreichen sollten.«

»Ich bin sehr froh, daß Sie dies zur Sprache bringen. Ich habe mir nämlich bereits die vier letzten Dreijahresstrategien näher angesehen, und sie unterscheiden sich kaum voneinander, abgesehen von etwas Kosmetik da und dort. Sie widerspiegeln, wie bereits erwähnt, eine Strategie der Erhaltung und sind von herkömmlichem Denken geprägt. Wenn wir wie gewohnt weitermachen, werden wir dieses Unternehmen nie aus seiner Stagnation herausholen. Deshalb muß dieser Dreijahresplan innerhalb von 30 Tagen überarbeitet werden.«

Nun wurde es vollkommen still im Saal. Alle blickten auf den Geschäftsführer, und niemand schien irgendwelche weiteren Fragen stellen zu wollen.

Die Marketingleiterin erhob sich langsam und feierlich:

»Ich glaube, Ihre Botschaft hat uns alle erreicht. Selbst bin ich mit mir und meiner Situation während längerer Zeit unzufrieden gewesen. Ich habe den Mumm in den Knochen verloren, der früher immer da war. Daß ich karrieremäßig recht erfolgreich gewesen bin, hat mich nicht richtig zu befriedigen vermocht. Ich habe gespürt, daß es da noch etwas geben müßte, einen tieferen Grund, weshalb man sich jeden Morgen um acht Uhr am Arbeitsplatz einfindet.

Mir ist aber nie ganz klar geworden, was das eigentlich wäre. Natürlich habe ich nach einer Antwort gesucht, bisher aber nicht bei mir selbst.

Sie haben uns heute nun gezeigt, wo wir beginnen sollten: nämlich bei uns selbst. Mir ist es wie den meisten anderen bisher immer wieder gelungen, mich der Verantwortung zu entziehen und Ausflüchte zu finden, wenn etwas nicht wie gewollt lief. Alles ließ sich auf äußere Faktoren zurückführen: auf die Umstände, den Chef, die Mitarbeiter, das Budget, die Wirtschaftslage usw. Von nun an können wir keine solchen Ausflüchte mehr gebrauchen. Unsere heutigen Probleme können wir nur lösen, indem wir an uns selbst arbeiten. Das verspricht wahrhaftig eine interessante Herausforderung zu werden.

Persönlich habe ich keinerlei Zweifel, daß unser Unternehmen den richtigen Geschäftsführer gefunden hat, und ich freue mich wirklich auf die Zusammenarbeit mit Ihnen. Ich möchte Sie deshalb ganz herzlich willkommen heißen!«

Unser Freund dankte ihr für die freundlichen Worte und sah dann alle an. Er fuhr fort:

»Wir haben heute eine lange Sitzung hinter uns, und zum Abschluß will ich nur noch folgendes sagen: Wir sollten in unserem Unternehmen die Tür vor der Motivation nicht verschließen, indem wir uns durch andere motivieren oder demotivieren lassen. Die Motivation soll in uns allen leben. Sie soll sich auf unser Unternehmen, unsere Tätigkeit, unsere Kunden und unsere Aktionäre ausdehnen und nicht zuletzt auch uns selbst zu mehr Lebensfreude verhelfen.«

HIER SCHLIESSEN WIR. Für das Unternehmen unseres Freundes war das natürlich nicht das Ende, sondern der Aufbruch zu neuen Gefildern. Für uns ist eigentlich nicht so wichtig, wie es unserem Freund danach erging. Entscheidend ist, daß Sie bei sich selbst beginnen und Ihre Situation selbst in die Hand nehmen, wenn Sie sich von Ihrem Leben Sinn, Motivation und Freude erhoffen. Dabei muß man es wagen, im Leben seinen eigenen Weg zu gehen. Wir sind überzeugt, daß künftig immer mehr Menschen und Unternehmen im Kielwasser unseres Freundes segeln werden.

Die nachfolgenden Kurzschriften wurden von uns ebenfalls herausgegeben und können bestellt werden. Sie behandeln unsere Vorstellungen und Ideen zu Führung auf der Basis von Sinnfindung und Selbstmotivation.

»Die Maske in der Wirtschaft«
»Geschäftsmäßig seinen eigenen Weg gehen«
»Die innere Zukunft«
»Die Optimierer«
»Auf den Grund mit dem Leitungsteam«
»Die Kunst, in alle Richtungen zu schlagen«
»Humor«
»Die Revolverhelden von heute und gestern«
u. a.

BOËTHIUS & EHDIN AG
Im Obstgarten 11, CH-8700 Küsnacht
Tel. 0041/1/9110035
Fax 0041/1/9110049